SIONISMENS KLASSIKERE: BOK 2

I0540526

Sionismen

Max Nordau

Israelbok.no
Himmelbok.no

Sionismen
Originalens tittel: Zionism
Copyright denne oversettelse © 2018 Jon Andersen
Alle rettigheter reservert.
Forsidefoto: Max Nordau, ukjent fotograf.
Baksidefoto: Max Nordaus grav, Tel Aviv. Foto:
    Jon Andersen
Trykk: IngramSpark, UK
1. utgave på papir, juni 2018
Utgitt av Israelbok, en filial av Himmelbok.no
ISBN: 978-91-983639-8-2

Innhold

Oversetterens forord

D en 14. mai 1948 – nesten nitten hundre år etter at keiser Titus la det jødiske templet i Jerusalem i grus, etter nitten hundre år av en diaspora da jødene ikke hadde noe landområde i verden som de kunne kalle sitt eget, etter å ha vært prisgitt antisemittiske angrep i mange land rundt omkring i verden i nesten to millennier – denne fredags ettermiddagen fikk jødene atter en gang et nasjonalt hjemland som de kunne kalle sitt eget. De valgte å kalle nasjonens ny-gamle hjemland for *Medinat Israel* på hebraisk, eller Staten Israel på norsk.

Staten Israel var et resultat av en drøm som jødene hadde båret på i alle år siden de ble utvist fra fedrenes hjemland. «Glemmer jeg deg, Jerusalem, så la min høyre hånd glemme meg», klaget jødene da de satt ved Babylons elver i det sjette århundre før vår moderne tidsregning. «Neste år i Jerusalem» var ønsket som jødiske familier hilste hverandre med når de feiret påske i Russland, England, Spania, Yemen og Marokko.

Fra og med slutten av 1800-tallet begynte flere og flere jøder å innse at det ikke holder å bare drømme og be om en hjemkomst til hjemlandet; de måtte faktisk gjøre noe rent praktisk hvis de ville at den eldgamle drømmen skulle bli en virkelighet.

To av de første og største pionerene i denne bevegelsen var Theodor Herzl og mannen som har skrevet den boka du nå holder i hånda, nemlig Max Nordau.

Nordau var, i likhet med Herzl, en assimilert jøde som ble sjokkert av den antisemittismen han bevitnet i Europa mot slutten av det 19. århundre. Da han traff Herzl, ble han umiddelbart overbevist om at Herzl hadde rett i sin påstand om at sionismen var den eneste mulige løsningen på den forfølgelsen som jødene opplevde rundt omkring i Europa, og han begynte umiddelbart å jobbe for sionismen ved Herzls side.

Nordau ble en av Herzl nærmeste medarbeidere i løpet av de første sju årene av den politiske sionismens historie, og etter Herzls død fortsatte han kampen helt til han ble tvunget til å flykte fra Frankrike da første verdenskrig brøt ut.

Når jeg nå har oversatt denne boka til norsk, er det fordi jeg ved Staten Israels 70-års jubileum vil ære den innsatsen som Max Nordau utviste i løpet av disse årene.

Jon Andersen

Introduksjon

Blant alle personer fra de utdannede klassene som med en viss oppmerksomhet følger alle viktige bevegelser i verden, vil det nå være vanskelig å finne en som ikke er kjent med ordet «Sionisme».

Folk er generelt sett klar over at det beskriver en ide og en bevegelse som i de foregående årene har funnet utallige tilhengere blant jøder i alle land, men spesielt blant dem i øst. Men det er til sammenligning relativt få, både blant hedninger og blant jødene selv, som har en helt klar oppfatning av sionismens mål og midler. Hedningene, fordi de ikke bryr seg tilstrekkelig om jødiske spørsmål til å ta seg bryet med å informere seg selv om detaljene, og jødene, fordi de blir forsettlig ledet vill av sionismens fiender, ved løgner og bakvaskelser. Til og med blant de brennende sionistene er det ikke mange som har undersøkt hele den sionistiske tanken til bunnen og som er villige eller i stand til å presentere den på en klar og forståelig måte uten overdrivelser og polemiske flammer.

Jeg skal forsøke å utruste lesere med god tro, de som ikke er forutinntatte og ikke har noen andre interesser enn å vinne autentisk informasjon om et fenomen i den moderne historien, så konsist og

edruelig som mulig, med alle fakta slik de faktisk
er, og ikke slik de gjenspeiles i forvirrede hjerter
eller forvrengt og forfalsket av bakvaskere.

Kapittel 1

Sionisme er en nytt ord på et veldig gammelt mål, så langt som det kun uttrykker det jødiske folkets lengsel etter Sion. Siden det andre Templets ødeleggelse av Titus, siden den jødiske nasjonen ble spredt til alle land, har dette folket ikke sluttet med å lengte intensivt og håpe inderlig på en hjemreise til sine fedres tapte land. Denne lengselen etter og håpet om Sion blant jødene, var det konkrete, og jeg kan også si geografiske, aspektet av deres messianske tro, som i sin tur utgjør en viktig del av religionen deres.

Messianisme og sionisme var faktisk i nesten to tusen år identiske konsepter, og uten kverulanse og hårkløveri, ville det ikke være lett å skille mellom bønnene om at den utlovte Messias skal komme, og de om den ikke mindre utlovede hjemkomsten til det historiske hjemmet – for begge disse står side ved side på alle sider i jødisk liturgi. Disse bønnene var inntil for noen generasjoner siden ment bokstavelig av alle jøder, som de fortsatt er av de jødene som har en enkel tro.

Jødene hadde ingen annen tanke enn at de var et folk som fikk en straff for sine synder ved at de mistet forfedrenes land, og de var fordømt til å leve som fremmede i et fremmed land, og deres store

9

lidelser ville først opphøre når de igjen ble forsamlet på den hellige jorda i Det hellige land.

Dette begynte gradvis å endre seg rundt midten av det attende århundre da opplysningen først begynte å finne sin vei inn til jødedommen i form av sin første herold, Moses Mendelssohn, den populære filosofen. Jødenes tro ble mer lunken. Der de utdannede klassene ganske enkelt ikke konverterte til kristendommen, begynte de å betrakte sin religions doktriner på en rasjonalistisk måte. For dem var jødenes adspredelse et endelig og ufravikelig faktum. De tømte begreper som Messias og Sion for enhver konkret mening og arrangerte en enkelt doktrine, og ifølge den skulle det Sion som var blitt lovt jødene, bare forstås i åndelig betydning, som en opprettelse av den jødiske monoteismen i hele verden, og i framtiden ville jødisk etikk triumfere over andre nasjoners mindre sublime og ikke så edle moralske undervisning.

En amerikansk rabbi reduserte denne oppfatningen til en enkel regel: «Vårt Sion er i Washington.» Mendelssohns undervisning utviklet seg på en logisk måte under første halvdel av det nittende århundre til «reformen», som bevisst brøt med sionismen. For de reformerte jødene hadde ordet Sion like liten betydning som ordet adspredelse. Han føler ikke at han er i en diaspora. Han fornekter at det finnes et jødisk folk og at han tilhører det. Han ønsker bare å tilhøre det folket som han bor iblant. For ham er jødedommen et rent religiøst konsept som ikke har noe som helst med nasjonalitet å gjøre. Landet der han ble født, er fedrelandet hans, og han vil ikke kjenne noe annet. Tanken om en hjemkomst til Palestina, opphisser ham enten til forargelse eller til latter. Han besvarer det med den velkjente, dumme, påtatte vitsen: «Hvis den jødiske staten blir opprettet i Palestina igjen, vil jeg be om å få bli ambassadør i Paris.»

Men den tenkende jøden unngikk ikke å observere, i løpet av historien, at reformert jødedom er et delvis middel, et kompromiss, som i likhet med alle kompromisser, inneholder ødeleggelsens virus, siden den ikke kan motstå logisk kritikk i ett øyeblikk.

Hvem skal den reformerte jødedommen tilfredsstille? Den troende jøden? Han forkaster den med den største avsky. Den ikke-troende jøden? Han forkaster den som hykleri og ordkløveri. Den jøden som virkelig ønsker å bryte med sin nasjonale fortid og bli absorbert av sine kristne omgivelser? For den jøden er ikke den reformerte jødedommen tilstrekkelig. Han går et skritt lenger, det skrittet som fører til døpefonten. Enda mindre vil den tilfredsstille de jøder som ønsker å vokte jødedommen mot ødeleggelse og bevare den som en etnisk individualitet. For ham er det å åpent gi uttrykk for en nasjonal forkastelse av alle nasjonale ambisjoner, synonymt med en egen fordømmelse av det jødiske folk til en sakte men sikker død.

Den reformerte jødedommen uten sionismen, det vil si, uten et ønske og et håp om å samle sammen det jødiske folket igjen, har ingen framtid. I beste fall kan det betraktes som en noe humpete vei som fører til kristendommen. Han som ønsker å nå det målet, kan finne kortere og rettere veier.

Kapittel 2

Og slik har det skjedd at de generasjonene som hadde vært under innflytelsen til Mendelssohns retorikk og opplysningen, om reformer og assimilasjon, har i de siste tjue årene av det nittende århundre blitt etterfulgt av en ny generasjon som ønsker å ta et annet enn det tradisjonelle standpunktet angående spørsmålet om Sion.

Disse nye jødene trekker på skuldrene av det tullpratet som har vært på mote blant rabbier og litterater de siste hundre årene, og som skryter av et «oppdrag for jødedommen», som blir sagt å inneholde dette at jødene for alltid må bo i en adspredelse blant folkene for at de skal fungere som deres lærere og eksempler på moral, og å utdanne dem gradvis til ren rasjonalisme, til et generelt brorskap blant menneskene, og til en idealistisk kosmopolitisme.

De erklærer at skrytet om en oppgave enten er arroganse eller dårskap. De er mer beskjedne og mer praktiske og krever bare det jødiske folkets rett til å leve og utvikle seg selv, ifølge sine evner, inntil de naturlige begrensningene de har. De er blitt overbevist om at dette ikke er mulig i adspredelsen, for under de tilstandene blir de kontinuerlig forfulgt og undertrykket av fordommer, hat og forakt, og det vil

13

enten innskrenke utviklingen eller tvinge dem til en etnisk mimikk som nødvendigheten skaper av dem. Istedenfor de originale forbildene med en rett til å eksistere, blir de middelmådige eller dårlige kopier av utenlandske forbilder. Derfor jobber de metodisk med et mål om å la det jødiske folket enda en gang vende tilbake til et normalt liv som lever på sin egen mark og utfører alle de økonomiske, intellektuelle, moralske og politiske funksjoner som en sivilisert nasjon har.

Man kan ikke nå dette målet på en gang. Det ligger i en framtid som er mer eller mindre nær. Det er et ideal, et ønske, et håp, som den messianske sionismen var og er. Den nye sionismen, som er blitt kalt for den politiske sionismen, er imidlertid annerledes fra den gamle, den religiøse, den messianske sionismen i dette – at den gir avkall på all mystisisme, identifiserer seg ikke lenger med messianisme og forventer seg ikke at en hjemkomst til Palestina vil bli gjennomført gjennom et mirakel, men den ønsker å forberede veien ved sine egne anstrengelser.

Den nye sionismen har delvis vokst ut fra jødedommens egne interne impulser, ut fra entusiasmen til moderne utdannede jøder om deres historie og martyrologi, ut fra den oppvekkede bevisstheten om deres rases kvaliteter, ut fra deres ambisjon om å redde det gamle blodet, i lys av en framtid så langt fram som mulig, og for å tilføye etterkommernes prestasjoner til forfedrenes prestasjoner.

På den andre siden er sionismen et resultat av to impulser som kom utenfra – først prinsippet om nasjonalitet, som i et halvt århundre styrte tankene og følelsene i Europa og bestemte verdens politikk; for det andre antisemittismen, som jøder i alle land mer eller mindre har lidd av.

Prinsippet om nasjonalitet har vekket selv-bevisstheten hos alle folk. Det lærer dem å betrakte sine særegenheter som kvaliteter og gir dem et pasjonert ønske om uavhengighet. Den kunne derfor ikke passere forbi de utdannede jødene uten å etterlate seg et spor. Den tilskyndet dem til å huske hvem og hva de er; å selv føle det de hadde glemt, at de var et annerledes folk; og å kreve sin egen normale nasjonale skjebne. Dette langsomme og smertefulle arbeidet med å gjenopprette sin nasjonale individualitet, ble enklere ved den hold-ningen som folkene hadde, de som fjernet dem blant seg selv som et fremmed element og la vekt på, uten spesielle betraktninger eller høflighet, de virkelige og innbilte kontrastene eller i hvert fall forskjellene mellom seg selv og jødene.

Nasjonalitetsprinsippet har i sine overdrivelser ført til utskeielser. Den har blitt ledet på feilspor som sjåvinisme, redusert til et idiotisk hat av utlendinger, forringet til grotesk selvtilbedelse.

Den jødiske nasjonalismen er trygg for denne karikaturen av nasjonalismen. Den jødiske nasjo-nalisten lider ikke av å være oppblåst. Han føler derimot at han må gjøre utrettelige innsatser for å gi jødenes navn en ærestittel. Beskjedent anerkjenner han andre nasjoners gode kvaliteter og forsøker flittig å tilegne seg dem så langt som de stemmer overens med hans naturlige kapasitet. Han vet

15

hvilken fryktelig skade som flere århundrer med slaveri eller uførhet har gjort med den opprinnelig så stolte og oppreiste karakteren hans og søker å helbrede den ved å trene seg selv intenst.

Men hvis nasjonalismen er på vakt mot alle illusjoner om seg selv, er dette en naturlig fase i en utvikling fra en barbarisk, egoistisk individualisme til fri humanisme og altruisme – en fase hvis berettigelse og nødvendighet kun kan bli fornektet av ham som overhodet ikke har noen forståelse for den organiske evolusjonens lover, og som helt og holdent mangler historisk forståelse.

Antisemittismen har også lært mange utdannede jøder veien tilbake til folket. Den har hatt den samme effekten som en tøff prøvelse som de veike ikke holder ut, men der de sterke kommer ut sterkere og mer selvsikre.

Det er ikke korrekt å si at sionismen bare er en «bevegelse av kamplyst» eller en desperat gjerning mot antisemittismen. Det er sant at mer enn en utdannet jøde kun har blitt beveget av antisemittismen til å atter en gang sette sin lit til jødedommen, og han ville falle fra igjen hvis de kristne landsmennene ville motta ham på nytt i en vennlig ånd. Men når det gjelder de fleste sionister, har antisemittismen kun tvunget dem til å reflektere over sitt forhold til nasjonene, og denne refleksjonen har ført dem til konklusjoner som ville forbli en varig tilegnelse i deres sinn og hjerter, selv om antisemittismen hadde forsvunnet helt fra verden.

La det være forstått at den sionismen som er analysert ovenfor, er de utdannede og frie jødenes –

den jødiske eliten. Den uutdannede massen, som holder fast ved de gamle tradisjoner, er sionister uten store refleksjoner, fra følelser, fra instinkt, fra nød og lengsel.

De lider altfor mye av livets problemer, fra folkenes hat, fra juridisk uførhet og sosial fredløshet. De føler at de ikke kan håpe på en varig forbedring av sin situasjon så lenge som de må leve som en maktesløs minoritet blant en fiendtlig majoritet. De ønsker å bli en nasjon, å fornye seg selv gjennom nærkontakt med moder jord og å enda en gang bli mestere for sin egen skjebne.

Denne sionistiske massen er fortsatt ikke fri fra sine mystiske tendenser. Den tillater at sionismen i viss grad blir gjennomsyret av messianske erindringer og blander den med religiøse følelser. De har definitivt en klar ide om målet, som er den jødiske nasjonens gjenforening, men ikke om midlene. Allikevel har også de allerede innsett nødvendigheten av å selv gjøre innsatser, og det er stor forskjell på deres aktive beredskap for å bli organisert og deres ånd av offervilje, og den gudfryktige, bønne-hengivne passiviteten som de rent religiøse messianistene har.

SIONISMEN

Kapittel 3

Den nye eller politiske sionismen har her og der hatt sine forløpere, og de dukket opp i første halvdel av det nittende århundre.

I begynnelsen av åttitallet brøt det ut fryktelig forfølgelse i Russland uten noen åpenbar grunn, forfølgelse som kostet flere hundre jødiske liv, ødela eiendommene til flere tusen andre og tilskyndet flere titusen til å vende ryggen til fødelandet sitt. Denne katastrofen var en brutal oppvekker fra jødenes hundre år gamle illusjon, og den brakte dem igjen til å innse virkeligheten.

En russisk jøde, dr. Pinsker, skrev på den tiden en liten pamflett som het «Selv-emansipasjon», som allerede var et forspill til den moderne politiske sionismen og skisserte alle motivene uten å utvikle dem symfonisk. I alle fall var det han som ga stikkordet til hele bevegelsen: «Jødene er ikke bare et religiøst samfunn; de er en nasjon. De ønsker atter en gang å leve i sitt eget land som et forenet folk. Deres foryngelse må samtidig være økonomisk, fysisk, intellektuell og moralsk.»

De jødiske ungdommene på middelskolene og universitetene i Russland ble dypt påvirket av Pinskers argumenter. De begynte å grunnlegge nasjonale jødiske organisasjoner. Et antall studenter som

19

studerte ved utenlandske universiteter, ble i sine nye omgivelser apostler for dr. Pinskers ide og fant tilhengere her og der, for det meste blant de unge jødene i Wien. Andre foretrakk handling istedenfor ord, eksempler istedenfor preken, og de overga studiene sine og emigrerte til Palestina for å kunne bli bønder der – jødiske bønder på historisk jødisk mark.

Dypt beveget av denne idealismen hos en spesielt entusiastisk elite, begynte jøder med kjøligere hoder i Russland og Tyskland å danne organisasjoner for å støtte de jødiske pionerenes bosetning i Palestina på avstand. Dette skjedde uten noen felles plan og uten noe klart begrep om målet og middelet. Organisasjonene var ikke klar over det faktum at de følte og handlet som sionister. De oppfattet ikke koblingen mellom den jødiske koloniseringen av Palestina og framtiden til hele den jødiske nasjonen. I deres tilfelle var det isteden en instinktiv bevegelse der alle slags obskure følelser er svakt merkbare – gudfryktighet, arkeo-logisk-historisk sentimentalitet, veldedighet og stolthet over sin stamtavle. I alle fall var jødenes sinn forberedte, følelsen lå i lufta, jødedommen var rede for en forandring.

Som alltid er tilfelle i slike historiske øyeblikk, kom det også en mann hvis oppdrag det var å gi tydelig uttrykk for de ideene som mange følte på en tilslørt måte, og å proklamere høyt de ordene som de ventet på å høre. Denne mannen var dr. Theodor Herzl. Høsten 1896 publiserte han et konsist skrevet hefte, «Der Judenstaat» (Den jødiske staten), som proklamerte, med en besluttsomhet som inntil da ikke hadde noen presedens, det faktum at jødene er et folk som krever de rettigheter som et folk har, og som ønsker å slå seg ned i et land der de kan leve en fri og fullkommen politisk eksistens.

«Der Judenstaat» er blitt startsignalet for den politiske sionismen – startsignalet, ikke programmet. Herzls bok er fortsatt et subjektivt verk fra en ensom tenker som taler i sitt eget navn. Mange detaljer i den er litteratur. Det er ikke lett å trekke en skarp grense mellom det nøkterne alvoret hos den sosiale politikeren og fantasien hos den profetiske poeten. Det faktiske programmet må være et kollektivt verk som helt sikkert er basert på Herzls bok og inspirert av Herzls visjon av framtiden, men som kvitter seg med alle de fantastiske detaljene og er bygd opp kun på elementer fra virkeligheten.

Herzls bok ble umiddelbart ønsket velkommen av flere titusen jøder, hovedsakelig de unge, som en forløsningens gjerning. Den skulle ikke bare trykkes på papir men skulle forvandles til en praktisk skapelse. Nye samfunn ble skapt overalt, ikke lenger med et syn av en langsom, smålig bosetning i Palestina av grupper av jøder som på en måte smyger inn i landet, men ved å forberede en emigrasjon «*en masse*» til Det hellige land basert på en formell avtale med den tyrkiske regjeringen, garantert av de store maktene, og den første skal gi bosetterne retten til selvforsvar.

Premisset for politisk sionisme er at det finnes en jødisk nasjon. Det er nettopp dette punktet som assi-

21

milerte jøder fornekter, og de åndeløse, selvtil-
fredse, bablende rabbiene med sin lønn. Dr. Herzl
så at den første oppgaven som han måtte fullføre,
var å organisere en manifestasjon som vil gi verden,
og det jødiske folket, i en moderne, forståelig form
det faktum som deres nasjonale eksistens er. Han
sammenkalte til en sionistkongress, som på tross av
voldsomme angrep og de mest skruppelløse
voldelige gjerninger – det jødiske samfunnet i
München, der kongressen opprinnelig skulle vært
arrangert, protesterte på at de skulle møtes i den
byen – kom sammen for første gang i Basel mot
slutten av august 1897, og den besto av to hundre
og fire utvalgte representanter for de sionistiske
jødene fra begge halvkuler.

Den første sionistkongressen erklærte høytidelig
i møte med den oppmerksomme verden at jødene er
en nasjon, og at de ikke ønsker å bli absorbert av
andre nasjoner. Den lovte å jobbe for en
emansipasjon av den delen av den jødiske rasen
som er frarøvet alle rettigheter, og som drar ut sin
eksistens i ufortjent elendighet, og å forberede den
for en lysere framtid. Den skrev ned målene sine i et
program som ble enstemmig vedtatt med den største
entusiasme. Dette gikk som følger:

«Sionismen jobber for å skape for det jødiske
folk et hjem i Palestina garantert av offentlig lov.

For å nå dette målet har kongressen foreslått å
benytte seg av følgende midler:

(1.) En godt regulert kampanje for bosetning i
Palestina av jødiske landbrukere, håndverkere og
produsenter.

(2.) En organisering og sammenknytning av hele det jødiske samfunnet gjennom korrekte lokale og generelle institusjoner i overensstemmelse med loven i forskjellige land.

(3.) En styrking av jødisk selvrespekt og nasjonal bevissthet.

(4.) Forberedende skritt for å oppnå regjerings samtykke, som er nødvendig for å oppnå sionismens mål.»

Kapittel 4

Den første kongressen skiltes ikke uten å ha skapt en varig organisasjon. Den valgte en «Stor komite for handling», der alle land med en noenlunde betraktelig jødisk befolkning er representert, og som i sin turn utvalgte en mindre «permanent komite» med sitt hovedkvarter i Wien, med dr. Herzl som president. Den ble etterfulgt i de tre kommende årene av tre andre kongresser, i 1898 og 1899, igjen i Basel, og i 1900 i London. Antallet delegater steg i 1898 til to hundre og åtti, i 1899 til tre hundre og sytti, og i 1900 til fire hundre og tjue. Ved hver etterfølgende kongress var man strengere med å håndheve reglene for hvem som ble valgt, mandatene ble undersøkt nøyere, og i øyeblikket kan kongressen, som er blitt en permanent institusjon blant sionistiske jøder, og som møttes for femte gang i desember 1902, atter en gang i Basel, rettmessig hevde å være en sann representant for ett hundre og åtti tusen velgere.

Han som ønsker å vite hva de jødene som har vært representert ved kongressen, har gjort inntil i dag for å virkeliggjøre det sionistiske programmet som den første kongressen vedtok, må bare sammenligne de forskjellige punktene i dette programmet med de faktum som vi vil skrive ned.

25

«(1.) En godt regulert kampanje for bosetning i Palestina av jødiske landbrukere, håndverkere og produsenter.»

Sionismen forkaster av prinsipp all kolonisering i liten skala og tanken på å «snike» seg inn i Palestina. Sionistene har derfor hengitt seg sterkt til et nidkjært og utrettelig forsvar av å forene de allerede eksisterende jødiske koloniene i Palestina med de som inntil nå har gitt dem sin bistand og som på senere tid har vært tilbøyelige til å trekke tilbake støtten. Sionistene har også forberedt veien for å grunnlegge fabrikker i Det hellige land, som vil gi arbeid til de jødiske arbeiderne der, og har forsikret, ved å innvilge et årlig bidrag, eksistensen til den eksemplariske hebraiske skolen i Jaffa, som var i ferd med å stenge dørene på grunn av mangel på midler. De tar hånd om at den eksisterende og lovende begynnelsen på den jødiske koloniseringen skal bli ivaretatt og bevart inntil bevegelsen vil være mulig i stor skala.

«(2.) En organisering og sammenknytning av hele det jødiske samfunnet gjennom korrekte lokale og generelle institusjoner i overensstemmelse med loven i forskjellige land.»

Det sionistiske jødiske samfunnet er i dag organisert i begge halvkuler i omtrent ni hundre foreninger, som utfører mye aktiviteter. Når det gjelder at organisasjonen skal dekke hele jødedommen, har sionismen en nasjonal føderasjon av sine foreninger – den «store» og den «lille komiteen for handling», og kongressen, som har et permanent kontor med sekretariat i Wien. Kostnaden ved dette apparatet er dekket av sionistenes frivillige, årlige offer, og til disse ofrene har man fastsatt navnet på den gamle jødiske myntenheten, og som dermed er kjent som «sjekel» – i Amerika er de verdt 40 cent, og i vestlige land en enhet av myntenheten (en mark, en franc, en shilling etc.). De som betaler en sjekel har rett til å stemme for kongressen. Sionismen har sitt offisielle organ, «Die Welt», som er publisert på tysk i Wien. Ideene derfra blir videre distribuert i omtrent førti andre tidsskrifter på de hebraiske, tyske, russiske, polske, italienske, engelske, franske og rumenske språk, og på de jødisk-tyske og jødisk-spanske sjargonger. Dets amerikanske organ er tidsskriftet «The Maccabæan». De har grunnlagt utallige skoler, Toynbee-haller og utdanningsinstitusjoner, og har nylig begynt å anskaffe en del i administrasjonen av de jødiske samfunnene for å kunne hengi deres ressurser, mer enn det som hittil har vært tilfelle med ledere som er anti-nasjonale eller som ikke tenker, til å fremme nasjonale jødiske institusjoner, utdanning og kultur.

«(3.) En styrking av jødisk selvrespekt og nasjonal bevissthet.»

Sionistforeningene benytter seg av alle anstrengelser for at medlemmene og de jødiske massene generelt skal kjenne sin nasjons historie og bli kjent med den hellige og profane litteraturen i det hebraiske språket. De lærer jødene å holde hodet høyt, å være stolt av sin avstamning og å forakte antisemittiske løgner, bakvaskelser og fornærmelser. De bryr seg om, i forhold til deres styrke, en forbedring i hygienen for det jødiske proletariatet,

27

for dets økonomiske forbedring gjennom assosiasjon og solidaritet, om velorganisert utdannelse av barn, og om utdannelse for kvinner. De gir sine unge studenter et mål for sine anstrengelser og et ideale i livet. De forkynner at det er en plikt å leve et feilfritt, åndelig liv, forkaste primitiv materialisme, som de assimilerte jødene, på grunn av mangelen på et verdig ideale, er altfor raske til å synke til, og streng selvkontroll i ord og gjerning. De grunnla idrettsforeninger for å fremme den forsømte fysiske utviklingen av den oppvoksende generasjonen. De gir en ny impuls til feiringen av jødiske historiske høytider og minnedager. I mange tilfeller gjør de seg iøynefallende ved å bære merker. Sionisten mener at det er foraktelig å skjule sin nasjonalitet. Han ønsker å bli anerkjent som jøde, og siden han alltid selv opptrer på en naturlig, upåvirket måte, spiller han ingen imitasjonskomedi, ønsker ikke å bedra noen om sin herkomst og identitet, trenger seg ikke innpå noen under falsk flagg, hans forhold til de kristne naboene og andre landsmenn er sunnere, sannere, mer oppriktig og ærverdig enn de assimilerte jødene, som gjør smertelige og nytteløse forsøk, som er motbydelige for alle kristne som har et minstemål på god smak, om å skjule det faktum at han er en jøde.

«(4.) Forberedende skritt for å oppnå regjeringers samtykke, som er nødvendig for å oppnå sionismens mål.»

Flere av de regjeringer hvis meninger etterhvert vil bli avgjørende for saken, har fått pålitelig informasjon om sionismens mål gjennom notater,og det har ikke vært noen mangel på veldig viktig oppmuntring og lovende uttrykk for sympati med våre tendenser.

I øyeblikket forsøker komiteen for handling å anskaffe fra Tyrkia et charter for kolonisering av slikt land i Palestina som kan unnværes, og som i øyeblikket ligger ubrukt, og om å åpne sine neglisjerte ressurser. Å utnytte et slikt charter er ikke mulig uten betraktelige pengesummer. For å kunne bli økonomisk bevæpnet for den tiden da Tyrkia vil innvilge et slikt charter, bestemte den andre sionistkongressen (1898) seg for å grunnlegge et nasjonalt jødisk bankinstitutt, «Jødisk kolonia-listisk stiftelse», med hovedkvarter i London. Denne resolusjonen ble gjennomført det neste året (1899). Banken er blitt en virkelighet. Dens kapital i aksjer er to millioner pund. Den kan, ifølge vedtektene, starte forretninger når en åttendedel av kapitalen, to hundre og femti tusen pund, faktisk er blitt betalt. Dette har allerede skjedd.

Et annet av sionismens økonomiske instrumenter er «Jødisk nasjonalfond», som ble skapt på den femte kongressen (1901), som er innsamlet via frivillige abonnement og som skal beløpe seg til to hundre tusen pund. Halvparten av denne summen skal vies til å kjøpe land i Palestina, og den andre halvdelen skal være det jødiske folkets immaterielle felles eiendom, som ved sammenlagte renter og gaver hele tiden vil øke, slik at rentene ved viktige veikryss kan brukes til viktige nasjonale mål.

Kapittel 5

Jeg har gjort alt det jeg kan for å vise, på en så kort og objektiv måte som mulig, hva sionismen er, hva den ønsker å gjøre, hvordan den ble skapt, og hvordan den har utviklet seg inntil i dag. Jeg har også gjentatte ganger nevnt at de mest voldsomme motstanderne har reist seg blant det jødiske samfunnet.

Mange av dem nøyer seg med å ærekrenke og fornærme lederne for sionistbevegelsen. Denne typen av fiendskap har de som blir bakvasket, råd til å forakte. Menn som, uten å forvente seg den minste fordel for seg selv, på grunnlag av den reneste og mest uselviske kjærlighet for de ulykkelige i sin rase, på grunn av ærbødighet for sine forfedre, på grunn av en generell ånd av filantropi, har gjort de største offer når det gjelder penger, tid, styrke og helse for å kunne heve sitt folk og sette millioner av uskyldige, forfulgte mennesker i frihet fra den bitreste elendighet, har rett til å smilende trekke på skuldrene når uansvarlige fanatikere eller ynkelige betalte skribenter bebreider dem med egeninteresse eller med forfengelighet.

I tillegg til disse motstanderne av en lavere type, finnes det andre som ikke bare lyver og baktaler, men som også prøver å argumentere. De elsker å sammenligne sionismens apostler med de falske messiaser, som den beryktede Sabbathai Levi, som så altfor ofte har dukket opp i jødisk historie, og som alltid har gjort mest ugagn mot det jødiske folket som de har forført. Å sammenligne sionismen med de tilfeldigheter og bedragerier som falske messiaser av Sabbathai Levis type står for, forutsetter stor dårskap eller dårlig tro. Kjennetegnet på sionismen er nettopp en total mangel på mystiske elementer. Den lover ikke tilhengerne noen mirakler. Tvert imot hevder den kontinuerlig at deres emansipasjon fra en situasjon som de finner utålelig, bare kan være et resultat av deres eget verk, frukten av deres lange, iherdige og felles anstrengelser.

Folk erklærer sionismen som en drøm og fornekter at en praktisk realisering er mulig. Til protester av denne kategorien har sionistene hundre ganger gitt et tilstrekkelig svar. Denne enkle negative kritikken kan man gå over. Den eneste virkelige imøtegåelsen er i handling, slik som sionistene allerede har utført og som de har til hensikt å utføre videre.

Det ene punktet som antagelig for alltid ekskluderer en mulighet for en forståelse mellom sionister og ikke-sionister blant jødene, er spørsmålet om jødisk nasjonalitet. Den som hevder og tror at jødene ikke er en nasjon, kan virkelig ikke være en sionist. Han kan ikke slutte seg til en bevegelse som bare er rettferdiggjort når det blir innrømt at den ønsker å skape normale tilstander for at et folk kan eksistere, når de lever og lider under unormale tilstander. Han som derimot er overbevist om at jødene er et folk, må nødvendigvis bli en sionist, siden det bare er hjemkomsten til deres eget land som kan redde den jødiske nasjonen, som overalt er hatet, forfulgt og undertrykt, fra både fysisk og intellektuell ødeleggelse.

Mange jøder, spesielt de i Vesten, har i dypet av sine hjerter brutt båndet til jødedommen, og de vil antagelig snart gjøre det åpenlyst. Og hvis de ikke vil bryte seg ut, så vil barna eller barnebarna gjøre det. Disse ønsker å bli helt absorbert blant sine kristne landsmenn. De misliker det som en stor irritasjon når andre jøder proklamerer at de er et folk som er annerledes, og ønsker å føre fram en utvetydig adskillelse mellom seg selv og de andre nasjonene. Deres største og konstante frykt er å bli fordømt som fremmede i sitt fødeland, der de er frie statsborgere. De frykter at dette vil mer enn noensinne bli tilfelle hvis en stor del av det jødiske folk åpent hevder sin rett som autonom nasjon, og enda verre hvis det noe sted i verden vil bli skapt et politisk og intellektuelt senter for jødedommen, der millioner av jøder vil samles sammen, forenet som en nasjon.

Alle disse følelsene på vegne av de assimilerte jødene er forståelige. Fra deres standpunkt er de berettiget. Men disse jødene har ingen rett til å forvente seg at sionismen for deres skyld skal begå selvmord. De jødene som er lykkelige og tilfredse i sine fødeland, og som indignert forkaster forslaget om å forlate det, er omtrent en sjettedel av den jødiske nasjonen, la oss si to millioner blant tolv.

De andre fem sjettedelene, eller ti millioner, føler seg dypt ulykkelige i de landene dere de holder til, og de har alle grunner til å gjøre det. Disse ti millionene kan ikke anmodes om å underkaste seg sin trelldom for alltid uten å gjøre motstand, og å gi avkall på alle forsøk på forløsning fra elendigheten, bare for at komforten til to millioner lykkelige og tilfredse jøder ikke skal bli forstyrret.

Sionistene er dessuten fast overbevist om at de assimilerte jødenes bange anelser er grunnløse. En gjenforening av det jødiske folket i Palestina vil ikke få de konsekvenser som de frykter. Når det igjen finnes et jødisk land, vil jødene ha valget mellom å emigrere dit eller å forbli i sine nåværende hjem. Mange vil utvilsomt bli værende, og de vil gjennom sitt valg vise at de foretrekker sitt fødeland istedenfor sin slekt og sin nasjonale jord. Det er knapt mulig at antisemittene fortsatt vil kaste den hånlige og forræderske ropet om «fremmed» rett i ansiktet på dem. Men de sanne kristne blant deres landsmenn, de som tenker og føler i overensstemmelse med Den hellige skrifts undervisning og eksempler, vil bli overbevist om at de ikke betrakter seg selv som fremmede og sitt fødeland, og de vil da på en rett måte forstå den sanne betydningen i deres frivillige forsakelse av en hjemkomst til jødenes land, og om deres trofasthet mot sine hjem og sine kristne naboer.

Sionistene vet at de har påtatt seg et arbeid med enestående vanskeligheter. Aldri før er det blitt gjort en innsats for å forflytte, fredelig, på kort tid, til annen jord, flere millioner mennesker fra forskjellige land. Aldri er det blitt forsøkt å forvandle millioner av fysisk degenererte proletarer, uten bransje eller yrke, til landbrukere og oppdrettere av buskap, å la byfolk som høker og handelsfolk, agenter og mennesker med stillesittende jobber atter få kontakt med plogen og moder jord. Det vil være nødvendig å la jøder fra forskjellig opprinnelse bli vant til hverandre, å opplære dem praktisk til nasjonal enhet, og samtidig å overvinne overmenneskelige hindre som forskjeller i språk, ulik sivilisasjon og manerer for tanker, fordommer, liker og motviljer mot fremmede nasjoner, som er ført og avskåret fra sine fødeland.

Det som gir sionistene motet til å påbegynne denne herkulesbedriften, er overbevisningen om at de gjør et nødvendig og nyttig kjærlighets verk for sivilisasjonen, et verk av rettferdighet og visdom. De ønsker å redde åtte til ti millioner av sin slekt fra ulidelige lidelser. De ønsker å frigjøre nasjonene som de nå vokser blant, fra et nærvær som er betraktet som ubehagelig. De ønsker å frarøve antisemittismen – som over alt senker den offentlige moralen og utvikler de aller verste instinkter – fra sine offer. De ønsker å skape udiskutable produsenter av de jødene som i dag er bebreidet som parasitter. De ønsker å gjødsle med sin svette og dyrke med sine hender et land som i dag er en ørken, inntil det atter en gang blir den blomstrende hagen som det en gang har vært. Dermed vil sionismen samtidig tjene både den ulykkelige jøden og de kristne folkene, sivilisasjonen og verdens økonomi. Og de tjenester som de kan tilby, og ønsker å tilby, er store nok til å rettferdiggjøre håpet om at den kristne verden også vil sette pris på dem og støtte bevegelsen med sin aktive sympati.

Tillegg 1: Tale ved den første sionistkongressen

Følgende tillegg er den talen som Max Nordau holdt ved åpningen av den første sionistkongressen i Basel den 29. august 1897.

De spesielle reporterne fra forskjellige land vil skildre for dere tilstanden til deres brødre i de forskjellige statene. Noen av deres rapporter er blitt levert meg, andre ikke. Men selv om de landene som jeg ikke har lært noen ting fra mine samarbeidspartnere, har jeg delvis fra personlige observasjoner, delvis fra andre kilder, anskaffet noe kunnskap, slik at jeg kan, uten arroganse, påta meg oppgaven å rapportere om jødenes generelle situasjon på slutten av det 19. århundre.

Dette bildet kan i det store og hele kun males i en farge. Overalt der jødene har bosatt seg i relativt store antall blant nasjonene, råder jødisk elendighet. Det er ikke den alminnelige elendigheten som antagelig er menneskehetens ufravikelige skjebne. Det er en spesiell elendighet, som jødene ikke lider som mennesker, men som jøder, og som de ville være fri fra hvis de ikke var jøder.

Jødisk elendighet har to former, den materielle og den moralske. I Øst-Europa, Nord-Afrika og Vest-Asia – de regioner som gir husly til det store flertallet, antagelig ni tideler av vår rase – er jødenes elendighet forstått bokstavelig. Der er den daglige nøden for kroppen, angsten for hver etterfølgende dag, den smertefulle kampen for å bevare en knapp eksistens. I Vest-Europa har kampen for eksistens blitt noe lettere for jødene, selv om tendensen i den senere tid har blitt synlig også der å gjøre det vanskelig for dem igjen. Spørsmålet om mat og ly, spørsmålet om trygghet i livet, plager dem mindre. Der er elendigheten moralsk.

Den vestlige jøden har brød, men mennesket lever ikke av brød alene- Den vestlige jødens liv er ikke lenger i fare gjennom mobbens fiendskap, men kroppslige sår er ikke de eneste sårene som skaper smerter og som man kan blø i hjel av. Den vestlige jøden mente at emansipasjonen skulle være den virkelige frigjøringen, og han skyndte seg å trekke konklusjoner derfra. Men nasjonene hadde fått ham til å frykte at han tok feil ved å være så likegyldig logisk. De storsinnede lovene legger storsinnig fram teorien om like rettigheter. Men regjeringer og samfunn utøver praksis om like rettigheter på en måte som gjør det til samme hån som utnevnelsen av Sancho Panza til den praktfulle stillingen som visekonge over øya Barataria. Jøden sier naivt: «Jeg er et menneske, og jeg betrakter ingenting menneskelig som fremmed.» Det svarer han får er: «Mykt må dine rettigheter som menneske nytes forsiktig.

Du mangler den rette forestillingen av ære, følelsen om plikt, moral, patriotisme, idealisme. Du må derfor holde deg langt fra alle yrker der besittelse av disse kvalifikasjoner er en betingelse.»

Ingen har noensinne forsøkt å rettferdiggjøre disse fryktelige anklagene med fakta. På det meste, nå og da, blir en individuell jøde, sin rases og menneskehetens avskum, jublende påberopt som et eksempel, og i strid med alle logikkens lover, blir eksemplet generelt. Denne tendensen er psykologisk korrekt. Det er det menneskelige intellektets praksis å oppfinne for fordommene, som følelsene har framkalt, en årsak som tilsynelatende er rimelig. Visdommen har antagelig lenge vært kjent med denne psykologiske loven og sier det i ganske uttrykksfulle ord: «Alle slags laster blir feilaktig tilskrevet jøden, for man ønsker å bevise for seg selv at han har en rett til å forakte dem. Men det eksisterer allerede følelser av avsky mot jødene.»

Jeg må ytre det smertefulle ordet. De nasjonene som emansiperte jødene, har tatt feil av sine egne følelser. For å kunne gi full effekt, burde emansipasjonen først ha vært fullført i følelsene før den ble erklært ved lov. Men dette var ikke tilfelle. Historien om jødisk emansipasjon er en av de mest bemerkelsesverdige sidene i de europeiske tankenes historie. Jødenes emansipasjon var ikke en konsekvens av en overbevisning om at man hadde påført en rase grov skade, at de var blitt behandlet på den frykteligste måten, og at det var tid for å sone for tusen års urettferdighet. Det var bare resultatet av et geometrisk tankemønster hos den franske rasjonalismen i det 18. århundre. Denne rasjonalismen var konstruert ved hjelp av ren logikk uten å ta hensyn til levende følelser og prinsipper om vissheten ved matematiske handlinger. Og den insisterte på å prøve å introdusere disse rene intellektuelle skapningene til den virkelige verden. Jødenes emansipasjon var en automatisk anvending av den rasjonalistiske metoden. Rousseaus og encyklope-distenes filosofi hadde ført til en erklæring om menneskerettigheter. Fra denne erklæringen utledet den store revolusjonens menn den jødiske emansi-pasjonen med streng logikk. De formulerte en vanlig ligning: Ethvert menneske er født med visse rettigheter. Jødene er mennesker, noe som betyr at jødene er født for å eie menneskers rettigheter. På denne måten ble jødenes emansipasjon uttalt, ikke gjennom en broderlig følelse for jødene, men fordi logikken krevde det. Folkets følelser gjorde opprør, men revolusjonens filosofi krevde at prinsippene måtte settes høyere enn følelser. La meg derfor komme med en uttalelse som ikke antyder en utakknemlighet. Mennene fra 1792 emansiperte oss kun av prinsipp.

Slik som den franske revolusjonen ga verden det metriske og desimalsystemet, skapte den også et slags normalt åndelig system som andre land, enten villig eller uvillig, aksepterte som det normale målet for tilstanden i deres kultur. Et land som påsto at de var på kulturens tinde, måtte ha flere institusjoner som var skapt eller utviklet av den store revolu-sjonen, som for eksempel folkets representasjon, frihet for pressen, jury, maktdeling etc. Jødisk emansipasjon var også en av disse uunnværlige varene hos en høyt kulturell tilstand. Akkurat som et piano ikke kan være fraværende fra en salong selv om ikke et eneste medlem i familien kan spille på det. På denne måten ble jødene emansipert i Europa, ikke fra en indre nødvendighet, men i en imitasjon av politisk mote. Ikke fordi folket hadde bestemt seg i sine hjerter til å strekke ut en broderlig hånd til jødene, men fordi ledende ånder hadde akseptert en viss kulturell ide som krevde at jødisk emansipasjon også skulle figurere i lovboka.

Det er bare ett land som dette ikke gjelder – England. Det engelske folket tillater ikke at utviklingen påtvinges dem utenfra. De utvikler en framgang fra sine indre vesen. I England er emansipasjonen en sannhet. Det er ikke bare skrevet, det leves. Det var allerede blitt fullført i hjertene før lovgivningen ettertrykkelig bekreftet det. På grunn av respekt for tradisjonen, nølte man i England med å avskaffe nonkonformistenes juridiske restriksjoner, på et tidspunkt da engelskmennene allerede i mer enn en tidsalder ikke hadde gjort noen forskjell på kristne og jøder i samfunnet. Fordi en stor nasjon med et intenst åndelig liv ikke tillater seg selv å bli styrt av enhver åndelig strøm eller tabbe i tiden, er antisemittismen i England kun merkbar i visse tilfeller, og da har det bare en betydning som en imitasjon av kontinentets mote.

Emansipasjonen har totalt forvandlet jødenes natur og gjort ham til et annet menneske. Jøden uten noen rettigheter elsket ikke det foreskrevne jødiske gule merket på frakken, for det var en offisiell invitasjon til mobben om å begå brutaliteter, og det rettferdiggjorde dem i forventning. Men frivillig gjorde han mye mer for å gjøre sin adskilte natur mer utpreget enn selv det gule merket kunne gjøre. Myndighetene stengte ham ikke inne i en ghetto. Han bygde en for seg selv. Han bodde med sine egne og ville ikke ha noen andre forhold enn forretninger med kristne. Ordet «ghetto» forbindes i dag med følelser av skam og ydmykelse. Men ghettoen, uansett hva som var intensjonene til de folkene som skapte den, var for jødene i fortiden ikke et fengsel men et tilfluktssted. Det er bare en historisk sannhet hvis vi sier at ghettoen ga jødene muligheten til å overleve de fryktelige forfølgelsene i Middelalderen. I ghettoen hadde jødene sin egen verden. Det var for ham det sikre tilfluktsstedet som for ham hadde den åndelige og moralske verdien av foreldrenes hjem. Her var det kollegaer som han ville verdsettes av og også kunne verdsettes. Her var den offentlige opinionen som man skulle anerkjennes av, og dette var målet med jødens ambisjoner. Å bli lite respektert av den offentlige opinionen, var straffen for uverdighet. Her ble alle spesifikke jødiske kvaliteter respektert, og gjennom en spesiell utvikling skulle den beundringen anskaffes som er den skarpeste motivasjonen for menneskets sinn. Hvilken rolle spilte det at utenfor ghettoen foraktet man det som ble lovprist innenfor? Den utenforliggende verdens opinion hadde ingen innflytelse, for det var opinionen til uvitende fiender. Man forsøkte å behage sine felles religionsutøvere, og deres applaus var den verdige

42

tilfredsheten i livet. Slik levde gehtto-jødene på en moralsk måte et fullt liv. Den ytre situasjonen var usikker og ofte alvorlig truet. Men internt oppnådde de en komplett utvikling av sine spesifikke kvaliteter. De var mennesker i harmoni, som ikke hadde mangel på sidene i et normalt sosialt liv. De følte også instinktivt hele betydningen av ghettoen for sine indre liv, og derfor hadde de en eneste bekymring: å gjøre eksistensen sikker ved usynlige murer som var mye tjukkere og høyere enn de synlige steinmurene som stengte dem inne. Alle jødiske bygninger og vaner fulgte ubevisst en eneste hensikt: å bevare jødedommen ved en adskillelse fra andre folk og å gjøre at jøden var konstant bevisst på det faktum at han var fortapt og ville forgå hvis han oppga sin spesifikke karakter. Denne impulsen for atskillelse ga ham også de fleste av de rituelle lovene, som for hverdagens jøder er identisk med selve troen. Og andre rent utvortes, ofte utilsiktede merker i antrekk og vaner på at de var annerledes, fikk en religiøs sanksjon bare for at de kunne opprettholdes mer sikkert. Kaftan, hårlokker, pels- luer og sjargong har tilsynelatende ingenting med religion å gjøre. Men de føler at disse båndene er det eneste som kan gi dem en forbindelse til samfunnet, og uten dem kan ikke et individ eksistere moralsk, intellektuelt og til slutt fysisk i lang tid.

Dette var ghetto-jødenes psykologi. Nå kom emansipasjonen. Loven forsikret jødene om at de var fullverdige statsborgere i landet. I begynnelsen framkalte det også hos kristne følelser som varmet og renset hjertet. Jødene skyndte seg inn som en art i rus som skulle brenne sine broer. Nå hadde de et annet hjem. De trengte ikke lenger en ghetto. Nå hadde de andre forbindelser og var ikke lenger tvunget til å eksistere sammen med sine felles religionsutøvere. Deres instinkt av selvbevarelse passet umiddelbart og helt inn på de nye tilstandene i eksistensen. Tidligere var dette instinktet kun rettet mot en skarp atskillelse. Nå søkte de etter den nærmeste forbindelse og assimilering istedenfor forskjellene, som var deres frelse. Etterpå fulgte en sann mimikk, og i en eller to tidsaldre fikk jødene tro at han bare var en tysker, franskmann, italiener og så videre.

Og plutselig, for tjue år siden, etter en dvale i tretti til seksti år, brøt antisemittismen atter en gang ut fra nasjonenes indre dybder, og det åpenbarte for de høyeste av de skrekkslagne jødene sannheten om situasjonen hans, som han ikke lenger hadde sett. Han fikk fortsatt lov til å stemme på representanter i parlamentet, men han selv var ekskludert fra klubbene og møtene der de kristne landsmennene var. Han fikk gå hvor han ville, men overalt ble han møtt av inskripsjonen: «Ingen adgang for jøder.» Han hadde fortsatt rett til å utføre alle innbyggeres plikt, men de edlere rettigheter som er gitt til talenter og for prestasjoner i disse rettighetene, var absolutt nektet ham.

Slik er frigjøringen av den emansiperte jøden i Vest-Europa. Han har oppgitt sin spesifikke jødiske karakter. Men folkene lar ham ikke føle at han har tilegnet seg deres kjennetegn. Han har mistet hjemmet i ghettoen, men fødelandet blir fornektet som hans hjem. Landsmennene hans støter ham bort når han vil være med i deres foreninger. Han har ingen mark under føttene sine, og han har ingen samfunn som han kan tilhøre som fullverdig medlem. Med sine kristne landsmenn kan verken hans karakter eller hans intensjoner regne med rettferdighet, og enda mindre på snille følelser. Med sine jødiske landsmenn har han mistet kontakten. Av nødvendighet føler han at verden hater ham, og han ser ingen plass der han kan finne varme når han søker etter det. Dette er den moralske jødiske elendigheten som er enda bitrere enn den fysiske, for den rammer mennesker som er i en annen situasjon, stoltere og i besittelse av de finere følelsene.

Før emansipasjonen var jøden en fremmed blant folkene, men han tenkte ikke et øyeblikk på å stå opp mot sin skjebne. Han følte at han tilhørte sin egen rase, som ikke hadde noen ting felles med de andre folkene i landet. Den emansiperte jøden er usikker i sitt forhold til andre mennesker, beskjeden med fremmede, mistenkelig til og med mot sine venners hemmelige følelser. Hans beste evner blir utslitt i undertrykkelse, eller i det minste i den vanskelige fortielsen, av sin egen sanne karakter. For han frykter at denne karakteren kan gjenkjennes som jødisk, og han har aldri tilfredsstillelsen til å vise seg slik han er i alle sine tanker og følelser. Han blir en indre krøpling og utvendig uvirkelig, og dermed er han alltid latterlig og hatsk for alle mennesker med høyere følelser, som er tilfelle med alt som er uvirkelig. Alle de bedre jødene i Vest-Europa stønner under dette eller søker etter lindring. De har ikke lenger en tro som gir den tålmodigheten som er nødvendig for å bære lidelser, for den ser i dem viljen til en straffende og ikke kjærlig Gud. De håper ikke lenger på at Messias vil komme, han som en dag vil oppvekke dem til herlighet. Mange forsøker å redde seg selv ved å flykte fra jødedommen. Men den rasistiske antisemittismen fornekter dem makten til å forvandles i dåpen, og det virker ikke som om denne veien til frelse har en framtid. Det er bare en liten anbefaling for dem det gjelder, som for det meste er uten tro (jeg snakker nå naturligvis om mindretallet av de sanne troende) at de går inn i det kristne samfunnet med en blasfemisk løgn. På denne måten oppstår det en ny marrano, som er verre enn den gamle. Den sist-nevnte hadde en idealistisk retning – et hemmelig ønske om sannhet eller en hjerteskjærende nød i samvittigheten, og de søkte ofte etter tilgivelse og renselse ved martyrdøden.

De nye marranoene forlater jødedommen med vrede og bitterhet, men innerst i hjertene deres, selv om de ikke erkjenner det selv, bærer de med seg sin egen ydmykelse, sin egen uærlighet, og også hat mot kristendommen, som har tvunget dem til å lyve.

Jeg tenker med skrekk på framtidens utvikling for denne rasen med nye marranoer, som vanligvis ikke opprettholdes av tradisjoner og hvis sjel er forgiftet av fiendskap mot sine egne og fremmed blod, og hvis selvrespekt er ødelagt gjennom den alltid nærværende bevisstheten om en fundamental løgn. Andre håper på frelse fra sionismen, som for dem ikke er fullbyrdelsen av et mystisk løfte fra Skriften, men veien til en eksistens der jøden endelig finner de enkleste men mest elementære betingelsene i livet, som er en selvfølge for enhver jøde på begge halvkuler. Nemlig en forsikret sosial eksistens i et velmenende samfunn, muligheten til å benytte alle sine evner for å utvikle sitt sanne vesen istedenfor å misbruke dem for å undertrykke og forfalske seg selv. Men andre, som gjør opprør mot marranoenes løgner, og som føler at de selv er altfor intimt koblet til fødelandet sitt for at de ikke skal føle det sionismen betyr, kaster seg selv i armene på den villeste revolusjonen, med en ubestemt *arrière-pensée*, som med ødeleggelsen av alt som eksisterer og oppbyggingen av en ny verden, kan jødehatet være en av de dyrebare gjenstandene som ikke blir overført fra ruinene av den gamle tilstanden til den nye.

Dette er historien om Israel i slutten av det 19. århundre. For å oppsummere det i ett ord: Majoriteten jøder er en rase med forbannede tiggere. Flittigere og med flere evner enn den gjennomsnittlige europeeren, for ikke å snakke om de trege asiatene og afrikanerne, blir jøden fordømt til den mest ekstreme fattigdom fordi han ikke har tillatelse til å bruke sine evner fritt. Denne fattigdommen maler ned karakteren hans og ødelegger kroppen hans. Febrilsk etter tørsten for høyere utdannelse ser han hvordan han blir utstøtt fra plasser der kunnskapen er tilgjengelig – en sann intellektuell tantalos i våre ikke-mytiske tider. Han stanger hodet mot hatets og foraktens tjukke isskorpe, som dannes over hodet hans. Likt nesten ingen andre sosiale vesener – og til og med troen hans lærer at det er en meritterende og gudfryktig handling at tre inntar et måltid sammen og at ti ber sammen – blir han ekskludert fra sine landsmenns foreninger og blir fordømt til en tragisk isolasjon. Man klager på at jøder trenger seg inn overalt, men de strever bare etter overlegenhet fordi de blir nektet likestilling. De blir anklaget for å føle solidaritet med jøder over hele verden, men det er tvert imot deres ulykke som så snart som det første kjærlige ordet i emansipasjonen var blitt ytret, forsøkte de å rense hjertene sine for all jødisk solidaritet ned til den minste rest. Forbløffet over haglstormen av antisemittiske anklager, glemmer de hvem de er og forestiller seg ofte at de er de kroppslige og åndelige skurkene som de dødelige fiendene deres framstiller dem som. Ikke sjelden hører man at jøden mumler at han må lære av fienden og forsøke å avhjelpe følelsene hans. Men han glemmer at de antisemittiske anklagene er verdiløse, for det er ikke grunnlagt på kritikk av sanne fakta, men resultatet av en psykologisk lov som fører til at barn, ville menn og ondskapsfulle dårer hevder at personer og ting som de har motforestillinger mot, er ansvarlige for sine lidelser.

Ingen kan være likegyldig overfor jødisk nød, verken kristne eller jøder. Det er en stor synd å la en rase som til og med deres største fiender ikke fornekter at har evner, forderves i intellektuell og fysisk nød. Det er en synd mot dem og mot

48

sivilisasjonens verk, og i dens interesse har ikke jødene vært unyttige arbeidere.

Den jødiske elendigheten roper om hjelp. Å finne den hjelpen vil være denne kongressens store verk.

Tillegg 2:
Baselprogrammet

*På den tredje dagen under Den første
sionistkongressen i Basel i Sveits mellom 27.-30.
august 1897, ble det nedsatt en komite som fikk i
oppdrag å skrive et program om hva som skulle
være målet med sionismens arbeid. Lederen for
komiteen var Max Nordau, og de seks andre
representantene var Nathan Birnbaum, Alexander
Mintz, Siegmund Rosenberg, Saul Rafael Landau,
Hermann Schapira og Max Bodenheimer.
Dokumentet fikk navnet «Baselprogrammet» og ble
enstemmig vedtatt på kongressen den 30. august
1897.*

Sionismen søker å sikre for det jødiske folket et
offentlig anerkjent, juridisk forsikret hjemland i
Palestina. For å oppnå dette målet, mener kongres-
sen at de følgende midlene er brukbare:

1. Forfremmelse av bosetningen av jødiske
landbrukere, håndverkere og næringsdrivende i
Palestina.

2. En føderasjon av alle jøder inn i lokale eller
generelle grupper, ifølge lovene i de forskjellige
landene.

3. En styrking av den jødiske følelsen og bevisstheten.

4. Forberedende skritt for oppnåelsen av de regjeringers innvilgelser som er nødvendig for å oppnå sionismens mål.

Tillegg 3:
Muskuløse jøder

Følgende tillegg er en artikkel om muskuløs jødedom som Max Nordau skrev i juni 1903.

For to år siden, under et komitemøte på kongressen i Basel, sa jeg: «Vi må tenke på å skape på nytt muskuløse jøder.»

Enda en gang. For historien er vårt vitne at slike jøder en gang har eksistert.

For lenge, altfor lenge har vi vært engasjert i mortifikasjonen av vårt eget kjød.

Eller, for å uttrykke det mer presist – andre tok hånd om å drepe kjødet for oss. Deres ekstraordinære suksess måles i flere hundre tusen jødiske lik i ghettoene, på kirkegårdene, langs hovedveiene i Middelalderens Europa. Vi selv kunne gladelig ha klart oss uten denne «dyden» [dvs. den kristne dyden som kalles for fysisk mortifikasjon]. Vi ville ha foretrukket å utvikle kroppene våre istedenfor å drepe dem eller å få dem – figurativt og bokstavelig – drept av andre. Vi vet hvordan vi skal gjøre rasjonelt bruk av livet og verdsette dets verdi. Hvis, til forskjell fra de fleste andre folk, vi ikke betrakter det fysiske livet som vår høyeste eiendel, er det allikevel meget verdifullt for oss og dermed verdig forsiktig behandling.

I lange århundrer har vi ikke vært i stand til å gi den slik behandling. Alle deler av aristotelisk fysikk – lys, luft, vann og jord – ble målt opp for oss meget sparsommelig. I de smale jødiske gatene glemte våre stakkars lemmer snart sine glade bevegelser. I halvmørket i hus uten sol begynte øynene våre å blunke beskjedent. Frykten for konstant forfølgelse gjorde de mektige røstene våre til fryktsom hvisking, som kun steg i et crescendo da våre martyrer på pålene ropte opp sine døende bønner i ansiktet på bødlene. Men nå har all tvang blitt et minne fra fortiden, og vi har endelig lov til tilstrekkelig rom for at kroppene våre kan leve igjen. La oss ta opp igjen den eldste tradisjonen! La oss enda en gang bli dypbrystede, solide, skarpøyde menn.

Dette ønsket om å vende tilbake til en ærefull fortid finner sitt sterkeste uttrykk i det navnet som den jødiske gymnastikklubben i Berlin har valgt. Bar Kokhba var en helt som nektet å kjenne nederlag. Da seieren unnslapp ham mot slutten, visste han hvordan han skulle dø. Bar Kokhba var den siste legemliggjørelsen i verdenshistorien av en krigersk, militant jøde. Å påta seg navnet Bar Kokhba er et umiskjennelig tegn på ambisjoner. Men ambisjoner er velegnet for gymnaster som strever etter perfeksjon.

For ingen andre folk vil gymnastikk tjene en mer pedagogisk hensikt enn for oss jøder. Den vil rette oss opp i kroppen og i karakteren. Den vil gi oss selvtillit, selv om fiendene våre hevder at vi allerede har for mye selvtillit som det er. Men hvem vet bedre enn vi gjør at anklagene deres er feilaktige. Vi har totalt mangel på en edruelig tillit til vår fysiske tapperhet.

Våre nye muskeljøder har ennå ikke gjenvunnet heltemotet fra våre forfedre, som i store antall ivrig gikk inn på arenaene for å ta del i konkurransen og stå opp mot de godt trente hellenistiske idretts-utøverne og de mektige nordiske barbarene. Men moralsk kan muskeljødene allerede nå overgå sine forfedre, for de gamle jødiske sirkussoldatene skammet seg over jødedommen sin og prøvde å skjule tegnet på pakten med en kirurgisk operasjon … mens medlemmene av «Bar Kokhba» høyt og stolt bekrefter sin nasjonale tilhørighet.

Må den jødiske gymnastikklubben blomstre og vokse og bli et eksempel som blir etterfulgt i alle senter for jødisk liv!

Tillegg 4: Tale ved den
sjette sionistkongressen

Følgende tillegg er den talen som Max Nordau
holdt ved åpningen av den sjette sionistkongressen i
Basel den 24. august 1903.

Dere vil tilgi meg hvis jeg plager dere i begyn-
nelsen med noen få personlige observasjoner.
Mitt navn er blitt feilaktig plassert på dagsorden.
Jeg kom til Basel med en fast beslutning om å kun
holde en tale hvis, som en konsekvens av trendene i
en diskusjon, jeg ville betrakte det som min tvungne
plikt, som representant for utallige valgkretser, å
legge mitt syn fram for dere. Hvis denne nødven-
dighet ikke var oppstått, ønsket jeg å bli værende på
min plass som en stum lytter, og ved anledning
stemme med mannskapet.

Jeg finner at kritikere de senere årene har repre-
sentert meg som om jeg betrakter meg selv som en
slags tenor i kongressen, hvis rolle det er å komme
og synge noen få heroiske toner, motta applaus og
trekke meg grasiøst tilbake. Jeg hadde bestemt meg
for å unngå til og med skinnet av denne så
rettferdige og uinteresserte representasjonen av
mine aktiviteter ved kongressen. Jeg er bevisst på at

jeg aldri her har hengitt meg til tom veltalenhet, selv om jeg kan forestille meg at en realistisk gjennomgang av det jødiske folkets fortid og nåtid kan virke rent akademisk for en som ikke har innsett at vi måtte påbegynne vår argonaut-reise ved å finne ut hvor vi står.

Denne uunnværlige navigasjonsgjenstanden er nå fullført. Heretter må vi være opptatte av å styre etter en stø kurs. Må denne kongressen i mindre grad enn noensinne tidligere bli en akademisk forsamling. Kun retorikk, kunst for kunstens skyld, har ingen plass her. Her kan man kun levere edruelige, rolige, intelligente forretnings-taler. For en slik ber jeg om deres overbærenhet.

I går kommuniserte presidenten vår to faktum med oss, som skinte et hittil ukjent lys over vår sti. Han overførte til oss etterretningen om at den britiske regjeringen er forberedt på å gi en konsesjon av land til det jødiske folket, ikke i den formen som slike konsesjoner vanligvis blir gitt, ikke for økonomisk spekulasjon og kommersiell utnyttelse, men med et autoritativt uttrykk for den britiske regjeringens ønske om å bevise sin sympati for det jødiske folket og å hjelpe det i sine forsøk på å hjelpe seg selv. Ordføreren uttalte videre at den russiske regjeringen hadde latt ham få forstå offisielt at Russland var disponert til å fremme våre anstrengelser om bosetning i Palestina.

Det er da den diplomatiske situasjonen som sionistbevegelsen er konfrontert med. Fire makter, inkludert den største som har makt over kloden, har uttrykt seg med velvilje, hvis ikke til det jødiske folket, så i hvert fall til sionistbevegelsen. Hans Majestet den tyske keiseren uttrykte sin sympati med bevegelsen vår i begynnelsen. Den britiske regjeringen er forberedt på å bevise sin sympati på en meget betydelig og praktisk måte – ved å gi oss land. Den russiske regjeringen har erklært sin villighet til å fremme våre planer så langt som de består av jødisk bosetning i Palestina. De forente stater i Nord-Amerika har nylig tatt to diplomatiske skritt som rettferdiggjør håpet om at når tiden kommer, skal vi ikke vende oss forgjeves til dem for sympati.

Det fjerde punktet på Basel-programmet, om en sammensetning av grantitt som snerrende personer og baktalere vil knuse sine tenner på, taler i sin nødvendighet og er bevisst konsist, og den innrømmer ingen bred granskning av detaljene eller en utvidelse av den lakonisk uttalte ideen – den taler, jeg gjentar, om «skrittene for å oppnå samtykke fra regjeringer som er nødvendig for at sionismen skal oppnå sitt mål». Denne setningen har alltid hatt lykken av å bli betraktet av alle motstandere mot sionismen som en torn i siden. Rundt denne setningen har våre motstandere fleipet mest av alt.

«Dette samtykket fra regjeringene», fikk vi høre ironisk igjen og igjen, «vil dere aldri, aldri få. Sultanen verken vil eller kan gi dere Palestina, for selv om han var disponert til å gjøre det – som aldri vil bli tilfelle – ville han møte motstand fra Russland, og på deres søte vegne vil sultanen aldri begynne å krangle med den aller mektigste naboen sin. Russland vil aldri tillate at den marken der grunnleggeren av den kristne religionen har gått, noensinne vil bli jødisk.» Våre kritikere har enda en gang prøvd korrektheten og visdommen i det engelske ordtaket: «Profeter aldri hvis du ikke vet.»

Russland, som vi ble fortalt at vi skulle anerkjenne og frykte som det uoverstigelige hinderet på vår vei, Russland erklærer på vennlig måte at de har absolutt ingen protester mot at jøder okkuperer palestinsk jord.

Og nå, mine damer og herrer, kast øynene tilbake på den stien som sionismen, etter noe mindre enn sju års eksistens, har dekket i sin nåværende form. Etter knapt et års aktivitet kalte det denne kongressen fram, en organisasjon som ingen, bortsett fra noen få gale jødiske motstandere, fornekter kvaliteten av at de er legitime representanter for det jødiske folket.

Alle seriøse mennesker erkjenner at vi er det jødiske folkets utøvende og bevisste representanter. Siden den første oppnåelsen, som jeg nettopp har henvist til, har det gått seks år. I disse seks årene, i tillegg til alt det andre vi har gjort, er det en ting som på alle mulige måter tiltrakk seg verdens oppmerksomhet til det jødiske spørsmålet. Samtidige mennesker tar ofte ikke hensyn til den historiske betydningen av begivenheter som skjer rett for deres egne øyne. Etterkommerne er vanligvis mer rettferdige. De er i en posisjon der de kan betrakte menneskelige spørsmål fra et høyere perspektiv, fra et bredere standpunkt. Etterkommerne vil vite hvordan de skal sette pris på det faktum som jeg nettopp har nevnt.

For inntil sionismen reiste seg, var den ikke-jødiske verden forsikret av de personene som inntil da alene var blitt anerkjent som jødenes offisielle representant, at det ikke fantes noe jødisk spørsmål, at jødene var lykkelige og tilfredse. Det var blitt, spesielt i de siste tiårene, siden jødenes emansipasjon i Vesten, en fastsatt tradisjon for offisiell jødedom å påta seg et smilende ansikt når de kom i kontakt med ikke-jøder. Stillingen for vår feirede «store jøde» har alltid vært at han for evig gnir seg i hendene, hvis han ikke har stukket dem inn i armhulene på kappen, eller lagt dem i lommene for å betale bidrag til offentlige – generelt anti-jødiske – fonder eller institusjoner.

Når en statsråd eller regent på en reise eller ved ærbødige anledninger mottok jødenes offisielle representanter, var det alltid denne byrden som ble sunget: «Vi er lykkelige under din regjering, eller din administrasjon, vi er dypt takknemlige for den nådige beskyttelsen som du gir oss. Vi vil ydmykt søke å fortsette å fortjene din nåde og velvilje.»

Vi kan ikke skylde på regjeringene hvis de med en parade i god tro forbløffet svarer jødene som nå klager: «Hva, er dere ikke tilfreds? Klager dere? Det er nytt. Deres anerkjente representanter har alltid forsikret oss om det motsatte.» Jeg hevder at det er en stor tjeneste som sionismen har gjort at den har fått slutt på humbugen om at vi er lykkelige og fornøyde, og på den komiske takknemligheten. Fra begynnelsen av sier vi modig og klart: «Vi er ikke fornøyde. Vi betrakter tilstanden vår som veldig dårlig. Vi betrakter behandlingen vår som vanærende og ufortjent. Vi mener at en fundamental forandring i situasjonen vår er en livsviktig nødvendighet. Etter ydmykende forsøk som vi har gjort på assimilasjon med andre folkeslag, har vi spurt oss selv om råd, og vi ønsker å leve på vår egne måte, etter vår egen rett, på vår egen mark.»

Vi har, jeg gjentar, plassert ønskene våre på alle mulige måter for verden, vi har snakket med nasjonene som et folk som lider av en gal og krevende rett, vi har gått til regjeringene. Jeg gjentar at det kan virke som en liten sak for samtidige observatører. Det er faktisk et vendepunkt i det jødiske folkets historie.

Vi har spurt: Siden verden begynte, har det noensinne vært mer enn to metoder for å oppnå noe? Disse to metodene kan uttrykkes konsist i ordene: Ta det eller be om det.

Vi er verken i en posisjon for eller ønsker å ta noe, så vi er dermed kastet tilbake på den andre metode, det å be. Det er merkelig, men bokstavelig sant, at før sionismen spurte vil aldri. Blant oss selv hev vi dype sukk, ga uttrykk for lengsler og ønsker i prosa og vers, trykket hverandres hender med uttrykksfulle blikk, men vi har aldri tidligere stått foran maktene og på en utvetydig måte åpent og klart uttrykt det vi ville ha.

Vi kan verken bebreide oss selv eller andre på grunn av det. Det jødiske folket var i en tilstand av kaos. Det var uorganisert. Det var en menneskelig sverm. Det visste ikke engang selv hva det ville. Det hadde ingen representanter som var i stand til å tale i sitt navn. Og siden det ikke visste selv hva det ville, var det bare naturlig at regjeringene var uvitende. Å ha endret på det ser kanskje lite ut, men i virkeligheten er det veldig mye. Vi har spurt. Vi har bedt om at Palestina skal åpnes for at vi kan slå oss ned der.

I mer enn en offisiell bolig fikk vi et svar som kanskje var formet på en høflig måte, noe slik som følgende: «Dere er misfornøyde, og dere ønsker å endre bolig. Vi gratulerer dere med denne beslutningen, som vitner om deres selvrespekt og deres energi. Men ingen regjeringsmaskineri trenger å settes i gang. Vi setter ikke det minste hinder i veien for deres emigrasjon, og vi gir dere våre beste ønsker for en god reise.»

Kanskje det var første gang i livene våre som vi ikke trengte en humoristisk sans men var tvunget til å svare med uforstyrrelig, respektfullt alvor: Unnskyld, men det holder ikke å åpne dørene deres når de andre dørene er bommet. Dere tillater at vi reiser ut, men ingen lar oss få komme inn. Siden vi ikke kan tro at dere leker med livene til en nasjon på tolv millioner sjeler, ber vi om at dere ikke stopper med tillatelsen til å emigrere men å sikre en innreise i det landet som vi har i blikket, som vårt mål.

Ikke fra de som vi har appellert til, ikke fra offisielle kvarterer, men fra de utallige amatørdiplomatene som våre motstanderes rekker svermer med, fikk vi det hånende svaret: «Hva i hele verden forventer dere at skal skje? Forventer dere at maktene skal si til sultanen: Nå kan du bare gi Palestina til jødene eller så får du regne med oss?»

Til dette svarer vi med et alvor som protesten neppe fortjener: «Det har aldri vært vår ide eller vårt ønske. Sultanens suverene rettigheter og verdighet skal aldri krenkes. Den dagen som vi kommer inn i en tyrkisk provins, skal for alltid være en stor og lykkelig dag i det osmanske rikets historie. Alt som vi ønsker, er å plasseres av de store maktene i offisielle forhandlinger med sultanen, slik at etter omfattende diskusjoner med Hans Majestet, og i løpet av disse forventer vi oss at vi skal kunne overbevise ham om at en avtale med oss ville være til hans fordel, vil de store maktene være representert som deltakere, vitner og garanter ved den siste konferansen. Hvis det ble tydelig at det var umulig å komme fram til en avtale med Hans Majestet sultanen, hvis hans ubøyelighet vil stenge oss ute fra Palestina, da vil vi høytidelig hevde vår udødelige historiske rett til våre forfedres land, og fast og resolutt holde oss til Basel-programmet, og vi måtte være tålmodige og vente. Vi har råd til å vente.»

Ta ikke feil! Vi har ikke råd til å vente hvis vi overgir oss selv til å fortvile om framtiden, hvis vi legger ned våpnene i en ynkelig overgivelse, for da ville vi skynde oss i forferdelig fart rett mot et fryktelig fall. Men hvis vi på nytt tar til oss mot, bestemmer oss for å fortsette å leve som nasjon, har et klart og fastsatt mål, da vil vi enda en gang bli det «evige folket», *am olam*, og ingenting eller ingen vil kunne påføre oss det minste skade. Da skal vi vente tålmodig til det kommer bedre omstendigheter og fortsette med å fornye, når tiden kommer, bevisst og med uforstyrrelig fasthet – som våre fiender, hvis de ønsker, kan kalle med et annet skitnere navn – våre krav, inntil det oppstår en situasjon i verdens politikk som vil forårsake at maktene mener at det er ønskelig å låne oss sine ører.

Tillegg 5:
Kort biografi

Max Nordau ble født den 29. juli 1849 i Pest i Kongeriket Ungarn. Ved fødselen fikk han navnet Simon Maximilian eller Simcha Südfeld.

Faren hans var en hebraisk poet ved navn Gabriel Südfeld, som opprinnelig hadde vært rabbi i Prussia men som senere flyttet til Pest.

Familien var ortodokse jøder, og han gikk først på en jødisk barneskole og senere en katolsk ungdomsskole. I 1872 fullførte han medisinske studier ved universitetet i Budapest, og deretter tjenestegjorde han som militær lege i Wien.

De påfølgende seks årene reiste han rundt omkring i Europa, og det var på den tiden som han endret navn til Max Nordau.

Nordau startet sin litterære karriere allerede i 1863, og i de kommende årene jobbet han som skribent og korrespondent for flere forskjellige aviser, blant dem *Der Zwischenact*, og i 1880 flyttet han til Paris der han jobbet som lege og samtidig begynte å skrive som korrespondent for *Neue Freie Presse*.

Nordau skrev også en rekke bøker, blant dem *Pariser Studien und Bilder* i 1878, *Seifenblasen* i 1879, *Vom Kreml zur Alhambra* i 1880, *Paris unter der dritten Republik* i 1881 og *Die konventionelle Lügen der Kulturmenschheit* i 1883. De fleste av disse bøkene var litterær kritikk av politikk og sosiale tilstander. I 1892 publiserte han det som antagelig er blitt den mest kjente boka hans, *Entartung*, «Degenerasjon», der han påpeker at den moderne sivilisasjonen med sine storbyer og nye oppfinnelser har ført til at mennesket er blitt degenerert.

Selv om Nordau hadde fått en religiøs oppvekst, var han agnostiker som voksen. Etterhvert begynte han å identifisere seg med den tyske kulturen. Nordau skrev selv: «Da jeg nådde femten års alder, forlot jeg det jødiske livet og Torah-studiene ... Jødedommen forble kun et minne, og siden den gangen har jeg alltid følt meg som en tysker og bare som en tysker.»

I 1895 giftet han seg med den danske operasangeren Anna Dons-Kaufman, en protestantisk enke som allerede hadde fire barn da hun traff Nordau, og to år senere ble deres eneste datter, Maxa, født.

På samme måte som Theodor Herzl, ble også Nordau overbevist om at sionismen var svaret på problemet med antisemittisme da han bevitnet hvordan mobben ropte «død over jødene» etter at Alfred Dreyfus var blitt dømt for forræderi i en fransk domstol.

Etter Dreyfus-affæren ble Nordau en av Herzls nærmeste allierte og rådgivere i kampen for å opprette en jødisk stat. Da Herzl begynte å jobbe for sionismens sak, ble han presset til å oppsøke en psykiatriker. Det var da han traff Nordau, som umiddelbart var enig med Herzl og sa: «Hvis du er gal, er vi gale sammen. Du kan regne med meg.» Det var Nordau som overbeviste Herzl om at sionismen måtte være demokratisk selv om Herzl selv ville at eliten skulle styre bevegelsen.

I 1897 organiserte Nordau den første sionistkongressen i Basel i Sveits, og Nordaus berømmelse som forfatter var en av de tingene som gjorde at kongressen ble kjent blant jøder over hele verden. Faktum var at mange tidligere ikke hadde vært klar over at Nordau faktisk var jøde.

Nordau var en av de mest berømte talerne ved sionistkongressene, og i sine taler gikk han gjennom det jødiske folkets situasjon over hele verden. Han mente at jødene hadde en unik gave til å drive politikk, men uten en egen stat var det umulig for dem å bruke den gaven.

På den første kongressen ble Herzl valgt til president og Nordau ble valgt til første visepresident. Det var også Nordau som skrev utkastet til Basel-programmet, som erklærte at målet med sionismen var opprettelsen av en jødisk stat.

Nordau var visepresident for de første seks Sionistkongressene fra 1897 til 1903 og president for den sjuende til tiende fra 1905 til 1911.

Tanken om å opprette et nasjonalt jødisk idrettsforbund ble inspirert av Nordaus tale under den andre sionistkongressen, der han talte om sport. Tusenvis av europeiske jøder lot seg inspirere av Nordaus tale, og mellom 1896 og 1936 vant jødene i Østerrike en større andel medaljer enn folketallet i proporsjon til hele Østerrikes innbyggertall.

Ved kongressen i 1903 var han en av dem som mente at sionistene burde gå med på den kontroversielle planen om å etablere et jødisk hjemland i Uganda.

Da Herzl døde i 1904, ble Nordau tilbudt jobben som president for Sionistorganisasjonen, men han takket nei til tilbudet og støttet isteden valget av David Wolfsohn som president.

Da første verdenskrig brøt ut, ble Nordau, som den gangen bodde i Paris, anklaget for å sympatisere med Tyskland. Han fornektet anklagene og flyktet til Madrid, der han bodde i eksil i fem år.

Etter første verdenskrig spilte Nordau kun en liten rolle i sionistbevegelsen, med en tale i Londons Albert Hall i 1920 der han argumenterte for at de umiddelbart burde skape en jødisk majoritet og suverenitet i Israel ved masseimmigrasjon fra Øst-Europa. Nordau og Zeev Jabotinsky var de to fremste sionistlederne som forsto at jødene i Europa var på vei mot en katastrofe og at britene når som helst kunne stenge grensene til Palestina for jødisk immigrasjon. Begge disse mente dermed at flere hundre tusen jøder burde immigrere til Palestina så rakst som mulig, selv om de ble nødt til å leve i fattigdom i det nye landet. Men Louis Brandeis og Chaim Weizmann, som var de to øverste lederne for sionistbevegelsen på denne tiden, mente at sionistene isteden burde gå forsiktig fram, for de hadde god tid til å oppnå sine mål.

Nordau døde i Paris i 1923, og i 1926 ble restene etter liket hans flyttet til en gravlund i Tel Aviv.

Om forlaget

Israelbok er en underavdeling av forlaget Himmel-
bok. Himmelbok er et forlag som både utgir egne
bøker, og som gjør det mulig for uavhengige norske
forfattere å få utgitt bøkene sine på norsk. Himmel-
boks bøker er til salgs på www.himmelbok.no. Per
juni 2018 er følgende bøker om Israel til salgs via
Himmelbok.

Jon Andersen: *Hvem bryr seg om palestinerne?*
Bok nummer en i serien «Israel og nasjonene».
Boka handler om Israels forhold til de
palestinske araberne.

Jon Andersen: *Israel – Fra Dan til Beer Sheva.*
Dette er en reisehåndbok som beskriver mer enn
200 severdigheter over hele Det hellige land med
fargefotografier fra de fleste severdighetene.

Jon Andersen: *Onkel Sam eller onkel Judas?* Bok
nummer to i serien «Israel og nasjonene». Boka
handler om Israels forhold til USA.

Jon Andersen: *Slagmark – Israels historie 1945-
2009*. Denne boka ble opprinnelig utgitt på
Hermon Forlag i 2009. En ny, heftet billigutgave
av boka er nå til salgs.

Ramon Bennett: *Epler av gull.* Bennett skriver her ei bok om mange skatter som man kan finne i Bibelen hvis man bare leter i den hebraiske teksten.

Lars Enarson: *En trengselstid for Jakob.* Den svenske predikanten og bønnelederen Lars Enarson skriver her om Israel og menigheten i endetiden.

Theodor Herzl: *Den jødiske staten.* Bok nummer en i serien «Sionismens klassikere».

Max Nordau: *Sionismen.* Bok nummer to i serien «Sionismens klassikere».

www.himmelbok.no

Ønsker du også å skrive og gi ut dine egne bøker? Himmelbok publiserer og selger bøker av forskjellige kristne forfattere. Besøk **www.himmelbok.no** *for mer informasjon!*